La Démocratie Sociale

Doctrine et Programme du Parti Radical-Socialiste [1]

[1] La présente brochure était à l'impression lorsque s'est constitué à Paris, sous le nom de « Comité de la *Démocratie Sociale* », une association politique d'études et de propagande ouverte aussi bien aux membres du Parti socialiste, qu'à ceux du Parti radical et radical-socialiste (art. 5 des statuts). C'est pourquoi, d'accord avec le Dr Debierre et le Comité de la Démocratie sociale, nous avons fait suivre le titre de cette brochure d'un sous-titre qui en précise rigoureusement le but et la portée. (Note des Directeurs).

La Démocratie Sociale

DOCTRINE ET PROGRAMME
DU PARTI RADICAL-SOCIALISTE

RADICALISME et SOCIALISME sont des mots. Il y a tant de façons d'être RADICAL, et tant de manières d'être SOCIALISTE ! La DÉMOCRATIE SOCIALE a donc mieux à faire que de chicaner sur des formules ou des querelles d'Ecoles. Il faut qu'elle dise d'où elle vient, ce qu'elle est, ce qu'elle veut. Il faut que le Parti Radical-Socialiste, qui a la prétention de la représenter dans ses aspirations rationnelles et raisonnables, se proclame le continuateur hardi de l'œuvre vive de la Grande Révolution. Ce qu'il veut, c'est marcher à la réalisation de la *Société de demain*, non pas en s'inspirant de la méthode *à priori*, mais en se cantonnant sur le terrain âutrement solide des données du mouvement de l'évolution sociale et des résultats de l'expérience.

Nous sommes RADICAUX, puisque nous voulons faire *radicalement* des réformes politiques et sociales qui nous sont dictées par les besoins et les aspirations de la démocratie, par l'expérience et la force des choses, et que nous sommes les adversaires de la politique des demi-mesures. Nous sommes SOCIALISTES si nous acceptons le passage dans le domaine social des grands monopoles privés, de ceux qui sont mûrs pour l'appropriation sociale, c'est-à-dire suffisamment concentrés pour qu'ils soient devenus le privilège et la proie d'une oligarchie d'archimillionnaires.

Mais si nous sommes les adversaires de la propriété fondée sur le travail des autres, celle des Oisifs et des Parasites, nous restons résolument attachés à la propriété individuelle fondée sur le Travail personnel, que nous considérons comme la suprême garantie de l'indépendance et de la dignité de la personne humaine.

Je ne veux pas faire la critique du Système Collectiviste, mais je puis bien dire que je ne crois pas que la solution entière du problème social, soit nécessairement, irréductiblement, parce que scientifique et conforme au progrès, dans la substitution complète, intégrale, de la propriété collective à la propriété individuelle. Cette opinion est pour le moins prématurée et la conséquence de faits économiques que l'on a voulu hâtivement généraliser. Il est en effet facile de démontrer, contrairement aux bases sur lesquelles on a étayé la doctrine collectiviste, que le Capital n'est pas uniquement du Travail manuel accumulé et que la force-travail n'est pas l'unique source de la Valeur, pas plus qu'il n'est possible non plus d'accepter que le nombre des pauvres soit de plus en plus grand et les riches toujours de plus en plus riches. Si, d'autre part, on compte sur la Concentration Capitaliste poussée si loin qu'elle sera la cause en quelque sorte automatique, par suite de la prolétarisation de presque tout le monde, de l'avènement du régime collectiviste, on s'expose à attendre longtemps la crise catastrophique prédite par Marx. Cela est si vrai que les apôtres eux-mêmes du Collectivisme, tout en faisant un appel incessant auprès des masses prolétariennes pour la lutte de Classe et la Conquête des Pouvoirs publics, sont obligés de faire une distinction entre la petite et la grande propriété, et qu'ils ajournent aux calendes la socialisation de la terre des paysans.

Un jour, j'ai entendu dire par un socialiste intellectuel que jamais il n'aurait pu se soumettre au régime de la Cloche de l'Usine Capitaliste. J'ai admiré sa protestation et son sentiment de révolte. Mais je me demande s'il est bien sûr que la Cloche de l'Usine Collectiviste serait moins dure à l'ouvrier que celle de l'Usine patronale. Or, un régime économique nouveau qui n'aurait point pour conséquence la libération plus grande de la personne humaine, qui seule, au fond, est en chair et en os, qui rit et qui souffre, serait un régime contraire au progrès moral et social, et frappé par avance de caducité.

Ce que nous devons donc éviter, tout en acceptant que le régime actuel de la propriété n'est point immuable, et que ce n'est point un dogme auquel il soit défendu de toucher, c'est qu'on nous enferme dans une formule dogmatique qui pourrait avoir pour conséquence de nous faire choir dans un nouvel Evangile. Je ne crois pas à la panacée universelle pour guérir toutes les maladies du corps social : Méfions-nous donc des dogmes métaphysiques. Ne nous laissons prendre ni à la piperie des mots, ni à la griserie des sophismes.

Les faits économiques qui se passent sous nos yeux paraissent démontrer que l'avenir est à l'association, non pas à l'association par contrainte, mais à l'association libre, à l'association contractuelle. Celle-ci pousse les ouvriers vers le Syndicalisme et celle-là les conduit au Contrat collectif du Travail, à la journée plus courte, au salaire minimum.

L'association les conduit à la *Coopérative* de consommation, et par celle-ci, par suite du *crédit* qu'elle peut leur procurer, à la coopérative de production, c'est-à-dire à l'émancipation économique complète de l'ouvrier.

D'ailleurs, si nous sommes séparés des COLLECTIVISTES par le principe de la propriété individuelle, nous ne sommes ni moins résolus, ni moins passionnés qu'eux pour assurer et hâter l'évolution qui doit graduellement réaliser le relèvement des déshérités.

Poursuivre l'avènement de la Justice sociale, c'est continuer l'œuvre de la Révolution française. Sous l'Ancien Régime, la personnalité humaine étouffait dans les geôles de la Monarchie, de la Théocratie et des CORPORATIONS avec leurs MAITRISES et leurs JURANDES. Tout l'effort des RÉVOLUTIONNAIRES de la CONSTITUANTE et de la CONVENTION NATIONALE, fut dirigé contre l'oppression politique et sociale de l'Eglise, du Roy, de la Féodalité, et contre le cercle de fer que les Corps de Métiers avaient tracé autour de l'Apprenti et du Compagnon, que des barrières de privilèges empêchaient d'atteindre au monopole des Maîtrises et de devenir jamais des artisans libres possesseurs d'un atelier, d'une boutique.

Ce que fut la Révolution, dans sa lutte contre les privilèges, nous voulons seulement le rappeler sommairement en passant. Nous dirons aussi pourquoi son œuvre, si grandiosement conçue, est demeurée à l'état d'ébauche, ce qui nous permettra ensuite d'esquisser le tableau des revendications modernes dans l'ordre politique et social.

L'ŒUVRE DE LA RÉVOLUTION

La Révolution, c'est la Déclaration des Droits de l'Homme et du Citoyen, qui est la charte des droits de l'humanité, le code de la justice sociale.

Le jour où il fut proclamé que les Hommes Naissent et Demeurent Libres et Egaux en Droit, il y eut quelque chose de changé sur cette Terre : c'était l'avènement de la dignité de l'homme, l'avènement de la démocratie par la liberté et l'égalité. C'est le premier cri de la solidarité sociale.

La Déclaration, ce n'est pas seulement le Catéchisme National, mais c'est la charte l'affranchissement de l'humanité. Elle a promulgué des vérités éternelles, qu'à l'aurore du XXᵉ siècle nous saluons encore comme le point de départ des efforts qui restent à tenter dans la voie du progrès social et du bonheur des hommes. Quand on lit la Déclaration, il semble qu'on entend raisonner dans chacune de ses phrases comme l'écho des injustices et des misères de l'Ancien Régime en même temps que les espoirs de l'humanité en marche vers l'avenir. Le renversement de la Bastille le 14 juillet 1789, fut le prélude de cet article que *nul homme ne peut être accusé, arrêté ni détenu que dans les cas déterminés par la loi, et selon les formes qu'elle a pres-*

crites. Quand l'Assemblée Constituante votait dans la fameuse nuit du 4 août l'abolition de tous les privilèges qui, selon l'expression de Michelet, emporta l'immense et pénible songe des mille ans du Moyen-Age, elle devançait de quelques jours l'article premier de la « Déclaration » qui dit : « Les distinctions sociales ne peuvent être fondées que sur l'utilité commune », et la prescription de l'article 6 ainsi conçu : « Tous les citoyens égaux aux yeux de la Nation, sont également admissibles à toutes les dignités, places et emplois publics, selon leur capacité, et sans autres distinctions que celles de leurs vertus et de leurs talents ».

Si la Révolution accorde à l'homme des droits qui sont sacrés, inaliénables, imprescriptibles, selon ses propres expressions, elle lui rappelle aussi que ces droits sont tempérés par des devoirs. Sa liberté consiste à pouvoir faire tout ce qui ne nuit pas aux autres. Toutes les obligations que résume le mot justice — respect de la vie, de la liberté, de l'honneur, de la propriété de nos semblables — sont implicitement contenues dans l'énoncé des Droits. « Nul ne doit être inquiété pour ses opinions religieuses. » C'est la liberté de conscience consentie à tous sans distinction de races ni de sectes. « La contribution doit être également répartie entre tous les citoyens, en raison de leurs facultés ». C'est la justice dans l'impôt, c'est la porte ouverte à l'impôt progressif et personnel. « La propriété est inviolable et nul ne peut en être privé, si ce n'est lorsque la nécessité publique l'exige ». C'est à la fois reconnaître pour chacun le droit à la propriété du produit de son travail, mais le droit aussi pour la Société d'intervenir dans le droit de propriété en vue de sauvegarder les intérêts communs des membres de la Nation. « Les secours publics sont une dette sacrée ». C'est le présage de nos lois de prévoyance et d'assurance sociales. « Tout homme peut engager ses services, son temps, mais il ne peut se vendre ni être vendu ». C'est la protestation contre la servitude et l'esclavage.

Si la « Déclaration » de 1789 est restée muette sur le droit à l'instruction, sur la liberté du travail, sur le droit d'association, celle de 1793 a comblé cette lacune pour l'instruction lorsqu'elle a dit : « La Société doit favoriser de tout son pouvoir les progrès de la raison publique et mettre l'instruction à la portée de tous les citoyens ».

Lorsqu'elle avait aboli les privilèges de naissance et de classe ; lorsqu'elle avait dit, il n'y a plus ni jurandes ni corporation de métiers, la Révolution avait établi la liberté du travail. Elle laissa à la Révolution de 1848, le soin d'établir le droit de coalition et le droit d'association, c'est-à-dire l'arme par laquelle les ouvriers peuvent se défendre vis-à-vis du Capital.

Ces immenses efforts de la Révolution pour libérer l'humanité de ses chaines séculaires furent cependant en partie vains.

La vente des biens nationaux permit la reconstruction de la grande fortune. Et depuis, l'industrialisme moderne, la libre concurrence, qui n'est trop souvent que la liberté d'écraser le faible, la féodalité de l'argent, ont démontré que le droit à la propriété est resté en fait, un vain mot pour la majorité des hommes.

Son œuvre de justice et de lumière, j'allais dire de réparation, la Révolution ne pouvait l'accomplir qu'en brisant les privilèges du vieux monde, ceux de la *Féodalité* comme ceux de la *Théocratie*.

LES PRIVILÈGES DE L'ÉGLISE

Avant 1789, l'Eglise était tout. C'est elle qui dirige l'éducation et l'assistance publique, elle qui détient les registres de l'Etat-Civil, la Justice et dirige le bras séculier, elle qui conduit et fait agenouiller l'homme de sa naissance à sa mort par le baptême, le mariage religieux, les funérailles.

Elle échappe à la corvée et à la milice et prélève la dîme sur le travail des autres. Les monastères, les abbayes et les églises possèdent à la veille de la Révolution, une armée de 160.000 hommes et 4 milliards de biens-fonds, une rente de 100 millions, et prélèvent 100 millions de dîme par an. Avant la Révolution, l'Ecole était religieuse, aux mains du clergé régulier et séculier. L'Assisstance publique était aux mains de l'Eglise. Elle était confessionnelle. L'Eglise exerçait un monopole de droit et de fait, et ses hospices et refuges étaient des centres de foi et de propagande réservés à la pitoyable et énorme clientèle des malades, des vieillards et des orphelins.

En 1791, la Révolution supprime les Ordres religieux et les privilèges ecclésiastiques, laïcise l'enseignement public et l'assistance, sépare les Eglises de l'Etat, et, en 1795, elle proclame, non pas la suppression des religions, mais la liberté des cultes.

LE PAYSAN SOUS L'ANCIEN RÉGIME

Sans doute la Révolution française avait été préparée par les économistes Turgot, Vauban, et les philosophes encyclopédistes du XVIIIe siècle, Montesquieu, Voltaire, Diderot, Jean-Jacques Rousseau ; mais elle sortit surtout des « Revendications des provinces », des fameux « Cahiers » de 1789, qui dépeignaient la misère du peuple et exigeaient un changement profond de l'organisation sociale de ce temps.

Courbé sous la tutelle de l'Eglise, le « manant », le « vilain », était écrasé d'autre part par la puissance et les droits du Seigneur. Le « Seigneur » comme le « Curé » s'entendaient à merveille pour le rançonner. La « Justice du Roy » faisait le reste.

La dîme ecclésiastique variait du 12e au 20e des récoltes. Sur 100 francs de revenu foncier, le trésor prenait 25 livres pour la taille (impôt foncier), 15 pour la capitation, 11 pour les vingtièmes ; ajoutez 12 à 16 pour les accessoires, dîme et droits féodaux, et vous arrivez à un total de 63 à 67 livres (Cahiers des Provinces).

La taille était uniquement prélevée sur les biens du peuple. Chez les nobles elle était remplacée par le service militaire et chez les prêtres par le service du culte et de l'instruction.

Le pain valait 14 à 15 sols les 4 livres. Sur un salaire de 36 sols, un ouvrier avec trois enfants, consommait 32 sols de pain ; il lui restait 14 sols pour son loyer et son habillement. C'est ce qui a fait dire à Taine que l'homme du peuple avait juste de quoi ne pas mourir de faim, et à Madame Roland que les paysans de l'ancien régime étaient cent fois plus misérables que les Caraïbes ou les Esquimaux. La peinture du paysan de La Bruyère est restée célèbre.

Ce n'est qu'entre 1750 et 1760, ajoute Taine, « que les oisifs qui soupent commencent à regarder avec compassion et avec alarme les travailleurs qui ne dînent pas ».

Comme on conçoit bien qu'en présence de cet état misérable du peuple, le Tiers-Etat se soit révolté, et qu'au fameux *Serment du Jeu de Paume* il se soit engagé à ne pas se séparer sans avoir doté la France d'une nouvelle Constitution. En quelques années les événement emportèrent la Royauté avec ses iniquités et ses tyrannies, les privilèges de la Noblesse et du Clergé avec toutes leurs vexations et leurs abus.

L'œuvre de défense laïque et de souveraine émancipation de la Révolution a été ruinée cependant par la réaction thermidorienne et les agissements criminels d'un soldat ambitieux. C'est pour assurer son pouvoir personnel que Bonaparte en 1801 a signé le Concordat avec le Pape Pie VII. Il avait ses Préfets et ses gendarmes, il lui fallait ses évêques et ses curés. Au sabre il associait le goupillon.

La Restauration, la Monarchie de Juillet et le second Empire consacrèrent la réaction triomphante.

LA RÉPUBLIQUE

La République peut être aristocratique, bourgeoise, cléricale. Mais aussi longtemps qu'elle ne sera pas démocratique, elle ne sera pas la République, parce que la Démocratie est la seule organisation rationnelle, la seule conforme à l'idée que la raison se fait des droits égaux et du devoir réciproque qui s'impose également à tous. Le droit est à tout être humain par cela seul qu'il est une créature pensante et agissante. Le libre examen devait aboutir — et il a abouti — à l'impossibilité de distinguer en droit entre les titres de deux êtres humains à la liberté et à la justice. Le droit ne peut être contesté que pour les aliénés ou les déments et suspendu que pour les incapables et les mineurs.

Mais si les hommes se sont reconnus un droit égal à la souveraineté — dans la République le peuple en corps exerce la puissance souveraine — ils se sont par là-même reconnu un droit égal à la justice réciproque et mutuelle.

La Démocratie est donc une société fondée sur le consentement de tous pour faire régner la justice entre tous. Mais, tout consentement est un acte de volonté dirigé par la raison. Pour qu'il y ait consentement de tous, il faut donc que tous aient la liberté de leur volonté et la liberté de leur raison. La liberté de la raison suppose la suppression de toutes les entraves au développement de l'esprit. Non seulement elle suppose la liberté de conscience, mais encore, mais surtout, le droit et le moyen de parvenir à la connaissance de la vérité. La raison n'est pas libre chez celui dont le cerveau a été enfoui dans l'ombre de la nuit. La conscience n'est pas libre chez celui que l'erreur ou le mensonge opprime à son insu et qui reste rivé de bonne foi à des croyances contredites par l'expérience et la raison, dès lors déraisonnables et désastreuses pour l'ensemble de la Société. Toutes les libertés — liberté de pensée, de parole, de conscience, d'association, liberté du travail et liberté de disposer des fruits de ce travail, sont les conséquences naturelles et nécessaires de ce droit imprescriptible et la condamnation de toute éducation confessionnelle publique.

Mais la Démocratie va plus loin. Il y a des servitudes économiques qui pèsent si lourdement sur l'homme que les servitudes légales et juridiques. La volonté du travailleur — prolétaire de l'usine ou prolétaire des champs — est-elle vraiment libre lorsque son existence dépend de la puissance arbitraire du Capital ? La liberté n'est-elle pas une chimère sans l'égalité ? Et alors, la philosophie de la démocratie répond : La justice sera un vain mot tant que la solidarité sociale n'aura pas été organisée conformément aux droits égaux de chacun et aux devoirs mutuels des uns vis-à-vis des autres.

Le problème qui se pose aujourd'hui pour la Démocratie de notre pays est celui-ci :

La République est fondée ; ses ennemis mêmes sont obligés de s'y rallier sincèrement ou par hypocrisie. Mais par qui sera-t-elle dirigée ? Est-ce par les forces conservatrices et à leur profit ? Est-ce par la vieille aristocratie du blason mariée et réconciliée avec l'aristocratie de l'argent, par la haute bourgeoisie, fille d'affranchis pourtant, devenue bigote et alliée du prêtre, en un mot par les puissances de réaction ? Ou bien est-ce par la démocratie et pour elle ?

Voilà le problème politique.

Eclairer les masses populaires, c'est les élever, c'est les rapprocher des classes dirigeantes. C'est là le bon nivellement, celui qui élève et n'abaisse personne. C'est une bonne et sainte égalité.

Mais ce n'est pas avec l'enseignement congréganiste ou confessionnel qu'on obtiendra jamais ce résultat, puisque cet enseignement vit d'obscurité et qu'il ne cherche qu'à perpétuer les privilèges et les abus du passé.

L'Eglise veut-elle que nous continuions à livrer l'enseignement public, l'enseignement de la Nation, à ses ministres et à ses dogmes ? « Ce serait un crime contre la liberté ; car la conscience n'est libre que quand la raison est libre : la comprimer avant qu'elle soit maîtresse de soi, sous une formule exclusive, sous un dogme impérieux pour qui la discussion libre est scandale, c'est l'asservir ».

La laïcité de l'enseignement, voilà la formule lapidaire qui permet de reconnaître le vrai républicain ; car la laïcité de l'enseignement se confond avec le principe même de la République. « La laïcité de l'enseignement, c'est la liberté et la raison dans l'éducation des consciences, et sans la raison, sans la liberté intime des esprits, que serait la République ? »

La seule force qui puisse arrêter dans sa marche la République, c'est la force cléricale, et dans cette force l'enseignement prend le premier pas. Si la République se trahissant elle-même, continue à permettre à l'esprit clérical de faire l'éducation des travailleurs ; si elle ne les arrache pas tous à l'enseignement confessionnel ; si l'Ecole, au lieu d'éveiller les esprits à la liberté et par elle, à la justice, les façonne à la routine, à la soumission aveugle et irraisonnée, à l'acceptation passive des formules mystiques et surannés ; si, au lieu d'être le « vestibule des temps nouveaux » elle continue à être « l'antichambre des servitudes anciennes » c'est la ruine de nos espoirs, c'est la banqueroute des espérances engendrées par cet esprit de libre examen qui a fait la Révolution.

Le XIXe siècle a vu une reconstitution ecclésiastique qu'on aurait cru impossible il y a cent ans. L'Eglise romaine a refait ses richesses et a repris la direction de tous les éléments « conservateurs » auxquels seule elle peut donner un lien et une âme. Elle a associé à ses secrets dessins la Caste militaire et la féodalité de l'Argent. Affranchir le Pouvoir Civil de la puissance religieuse et du militarisme, c'est la revanche de la raison contre la foi et de la liberté contre la force.

A l'Eglise, à la Religion, il faut apposer la science, la

seule religion immortelle. L'Eglise a eu dans ses mains l'éducation nationale durant des siècles. Qu'en a-t-elle fait ? Où en serions-nous en science, si son enseignement avait prévalu ! Heureusement les esprits libres du XVIe et du XVIIIe siècle, heureusement les hommes de la Révolution, ont brisé cet enseignement scolastique fourbu et usé. L'Ecole de demain doit devenir « l'Eglise de la pensée libre, la grande éducatrice humaine, disputant le monde par la seule liberté aux ruses du dogmatisme finissant ».

PROGRAMME POLITIQUE
Les destructions nécessaires

L'œuvre de la Révolution, ayant en partie avortée, il nous faut la reprendre et la résoudre, non pas par la force et la persécution, mais par la persuasion et la liberté. Le Concordat était un mariage de raison qui avait mal tourné, le divorce vient d'être prononcé ; l'Etat s'est libéré de l'étreinte intéressée de l'Eglise romaine. La République n'a pas à donner 50 millions chaque année à des adversaires qui la combattent sans merci, et qui, par la feinte du ralliement, n'ont cherché qu'à mieux l'étrangler.

« Entrez dans la République, a dit le Pape de Rome, aux catholiques français, vous la canaliserez et en changerez peu à peu les lois scélérates ». Et ceux qui y sont entrés ne l'ont fait que pour mieux « bouter » dehors les républicains. L'Esprit Nouveau n'a été qu'une naïveté et une duperie.

Le programme politique du Parti Radical-socialiste consiste essentiellement à libérer la conscience populaire de l'oppression confessionnelle et la raison de l'enfant de tout dogme et de toute superstition pour faire de lui plus tard un citoyen éclairé.

L'affranchissement de la Raison et de la Conscience

La loi Falloux, qui a fait reculer la France d'un siècle, a été la revanche de la bourgeoisie cléricale contre la Révolution de 1848.

La réaction de 1850 a été la réaction de la peur. Les Montalembert et les Falloux ont convaincu la bourgeoisie qu'il n'y avait qu'une force capable de désarmer les bras des révoltés des villes et des campagnes : l'Eglise, puissance séculaire d'oppression et de servitude.

C'est en vain que Victor Hugo s'est écrié à l'assemblée législative en 1850 : « Je ne veux pas vous confier l'enseignement de la jeunesse, l'âme des enfants, le développement des intelligences neuves qui s'ouvrent à la vie, l'esprit des générations nouvelles. Je ne veux pas vous confier l'avenir de la France, parce que vous le confier serait vous le livrer....

« Vous voulez être les maîtres de l'enseignement ? Si le cerveau de l'humanité était là devant vos yeux à votre discrétion, ouvert comme les pages d'un livre, vous y feriez des ratures, convenez-en. La liberté que vous réclamez, c'est la liberté de ne pas enseigner... Je repousse votre loi parce qu'elle confisque l'enseignement primaire, parce qu'elle dégrade l'enseignement secondaire, parce qu'elle abaisse le niveau de la science, parce qu'elle diminue mon pays ».

Le *Syllabus* depuis a déclaré que la liberté civile est une hérésie, la liberté des cultes une impiété. Et ce n'est pas là une vaine déclamation. Le Pape de Rome ne s'est pas borné à dire que la liberté des croyances constituait, au point de vue dogmatique, un scandale et une erreur, il a dit aussi qu'il était impérieusement prescrit à la Société civile de mettre au service du dogme la force du bras séculier.

Non, les bûchers ne sont pas éteints, puisque le Père Didon, supérieur des Dominicains d'Arcueil, disait na-uère dans une réunion célèbre, que lorsque la persuasion a échoué, lorsque l'amour est resté impuissant, il faut s'armer de la force, brandir le glaive et frapper au nom de Dieu. Les catholiques n'ont rien appris ni rien oublié. Les bandes « d'apaches pieux », qu'ils ont lancées contre les agents du Pouvoir lors des récents inventaires des biens d'Eglises » l'ont surabondamment démontré. L'anathème lancé à la loi de Séparation par le Pape Pie X, prouve non moins que l'Eglise catholique entend continuer à dominer l'Etat républicain.

De là notion même du Dieu des catholiques, dont ils ont fait un être souverain, omnipotent et vengeur, découle d'ailleurs la nécessité logique d'une Eglise infaillible et intolérante sous laquelle doit ployer l'homme. La toute puissance de Dieu et de sa « remplaçante » sur Terre, l'Eglise, a ruiné la personne humaine. Voilà comment le Catholicisme a enchaîné l'homme et comment il justifie les férocités de l'inquisition, les guerres religieuses avec leurs horreurs. « Crois ou meurs ! Ou bien « Tuez-les tous, Dieu saura bien reconnaître les siens ! » voilà la doctrine du Catholicisme triomphant.

Le Dogme doit être chassé de l'école

La prétendue liberté de l'enseignement n'a rien de commun avec la liberté. Les Gouvernements de ceux qui, aujourd'hui se réclament avec tant de fracas de la liberté et du droit commun, n'ont été qu'un long démenti donné à cette liberté. Nont-ils pas rempli de prêtres les conseils départementaux, substitué la lettre d'obédience au diplôme, rendu obligatoire l'enseignement de la religion, introduit des aumoniers dans les collèges, obligé les professeurs et les instituteurs à aller à la messe, baillonné la liberté de la presse et chassé Michelet et Renan de leur chaire ! Ces prétendus libéraux n'ont rien de commun avec la liberté. S'ils revenaient au pouvoir, demain, ils recommenceraient le Gouvernement de la force.

Si l'Etat républicain s'est reconnu le droit d'empêcher l'enfant de travailler avant l'âge de douze ans et l'ouvrier de l'usine de s'exténuer dans son travail journalier au-delà de dix heures, pourquoi lui refuserait-on le droit de mettre la conscience de l'enfant à l'abri d'une éducation créatrice d'ignorance et de mensonge ? Il y a des lois de police qui protègent les passants contre les accidents de la rue, l'abrogation de l'enseignement clérical aura ce caractère vis-à-vis de l'enfant, en même temps qu'elle sauvegardera l'avenir de la République par l'éducation rationnelle et civique des futurs électeurs.

L'Ecole n'est pas faite pour imposer un dogme, mais pour éveiller l'esprit et susciter l'aptitude à la raison. Ce que l'Ecole républicaine a le devoir d'enseigner, c'est le droit, entier et absolu, de la personne humaine à la liberté de pensée et de la croyance. Et c'est parce qu'il y a des institutions frappées par la Révolution française, parce qu'elles étaient en contradiction avec ce principe vital, que la démocratie a le droit et le devoir de leur retirer l'enseignement. C'est dans une pensée de liberté et de conservation de la République que nous devons supprimer l'enseignement congréganiste.

La Congrégation est un contrat de servage que la loi n'a pas à sanctionner. Le droit commun ne connait que des personnes libres et non pas des associations de personnes qui ont rompu avec la famille, la société et leur pays.

Nous ne voulons pas fraper la liberté de croire au nom de la liberté de douter. Nous voulons instaurer l'Ecole de la Raison et de l'Expérience aux lieu et place de l'Ecole de la Foi et du Miracle.

La grande Constituante de 1790 avait compris que l'éducation cléricale est incompatible avec le Gouvernement Républicain. C'est pourquoi elle abolit les Ordres religieux qu'elle considérait comme contradictoires avec la Déclaration des Droits de l'Homme et du Citoyen.

L'éducation, disait Barnave à la Constituante, en proposant ce décret mémorable, DOIT ÊTRE DONNÉE PAR DES HOMMES QUI JOUISSENT DES DROITS DE L'HOMME ET DU CITOYEN, QUI LES AIMENT POUR LES FAIRE AIMER !

Tout autre est la doctrine de l'Eglise : LA RÉVOLUTION FRANÇAISE EST L'ŒUVRE DE SATAN, AU DESSUS DE L'ETAT SUBORDONNÉ, IL Y A L'EGLISE SOUVERAINE ET ROME DOIT PASSER AVANT LA FRANCE. Ainsi parlait le porte-parole des Pères et des Abbés, Joseph de Maistre. Il suffit. Pour comprendre qu'en livrant l'Ecole aux Congréganistes on l'a livrée aux pires ennemis de la démocratie, il n'y a qu'à regarder l'expérience du passé, qui est celle d'hier et d'aujourd'hui.

L'Ecole laïque, l'Ecole rationnelle, celle qui forme des caractères et des consciences libres, dans lesquels l'équité règne avec le droit et d'où l'injustice est bannie, c'est l'espoir et la force du pays républicain, le gage le plus sûr de notre confiance en l'avenir.

La conception théologique du Monde est purement individuelle. Elle nous transporte dans une atmosphère transcendantale qui échappe à l'expérience et à la raison.

Les principes moraux, au contraire, ne sont issus que de la raison ; ils ne sont basés que sur l'expérience et sur les rapports sociaux.

La Morale Laïque

Il se dégage de cette conception que l'Etat doit éliminer de l'Ecole l'enseignement religieux, et le laisser aux soins des diverses confessions. L'Etat doit se tenir à l'écart de tous les conflits religieux et établir son enseignement à l'école sur les sciences positives et à l'abri de toute croyance religieuse ou métaphysique. Peu importent à l'Etat, en effet, les représentantions que ses citoyens se font de la vie après la mort, du paradis, de l'enfer, de la resurrection ; ce qui lui importe, c'est que ses citoyens aient une éducation suffisante au point de vue moral pour comprendre et remplir sans s'égarer, leurs devoirs sociaux.

Les erreurs et les cruautés des religions, l'incrédulité de plus en plus grande de notre époque interdisent d'ailleurs qu'on prenne la religion comme base de la morale. On n'a à enseigner à l'Ecole aucune croyance religieuse, car l'école doit donner une éducation morale absolument indépendante et laique. C'est sur la raison qu'on doit la fonder et non pas sur le dogme, la superstition, la tradition et la théocratie.

La Révolution fonde la fraternité sur l'amour de l'homme pour son semblable, sur le devoir mutuel, sur le droit et l'équité. Le catholicisme, au contraire, par son dogme de la grâce, comme l'a dit Michelet, met la JUSTICE ET L'INJUSTICE DANS LE SANG QUI LES FAIT CIRCULER AVEC LE FLUX DE LA VIE D'UNE GÉNÉRATION A L'AUTRE, et contredit violemment la notion de la justice qui est au fond de l'âme humaine.

Le programme politique du Parti est donc essentiellement un programme de Sécularisation de l'Etat. Dans le domaine de la conscience il veut la liberté pour tous. Dans le domaine scolaire, il ne saurait accepter l'obligation déguisée d'une confession.

Mais, si le parti Radical-Socialiste entend porter tous ses efforts vers la sécularisation de l'Etat, c'est dire qu'il veut aussi que les grandes Administrations publiquess, Armée, Magistrature, Services civils, soient dirigés par des républicains pour faire aimer la République.

La réforme du recrutement des magistrats, la propriété des grades des Officiers, le préoccupe également. Il accepte la justice pour tous, mais ne saurait tolérer les faveurs et les faiblesses de nos Préfets pour les réactionnaires.

La JUSTICE EST GRATUITE EN FRANCE, on connaît cette dérision. Il serait temps de refondre le *Code de Procédure*, pour le rendre moins cher et plus prompt, et de supprimer le privilège des officiers ministériels qui, dans notre temps, est un monopole privé qu'on ne conçoit plus.

PROGRAMME ÉCONOMIQUE, FISCAL et SOCIAL

L'Impôt

Pour assurer l'enseignement général et l'enseignement professionnel à tous les enfants, organiser la solidarité sociale, et doter les services publics, il faut de l'argent, car l'argent c'est la force, c'est la puissance créatrice.

C'est en changeant la forme de nos impôts que nous la trouverons. C'est dans l'impôt progressif sur le revenu et la fortune, et l'impôt sur les successions, que nous trouverons les ressources nécessaires pour les Ecoles, l'Assistance publique, les Retraites ouvrières, en un mot pour réaliser le programme de liberté et de fraternité de la République.

Pour être juste, l'impôt doit être proportionnel et personnel aux facultés ou aux ressources de chacun, au lieu d'être, comme aujourd'hui trop souvent, proportionnel aux charges des citoyens. L'impôt doit s'adresser à toutes les sources des richesses, capital ou revenu, frappant surtout le superflu, la richesse acquise, et dégrevant le Travail.

Je sais bien qu'on nous dit : PRENEZ GARDE, VOUS ALLEZ TROUBLER L'ÉQUILIBRE DE NOS FINANCES, VOUS ALLEZ CHASSER LES CAPITAUX HORS DE NOS FRONTIÈRES, NOTRE SYSTÈME D'IMPOT EST ADMIRABLE, IL A RÉSISTÉ AUX TEMPS, RESPECTEZ-LE.

Oui, c'est un admirable système d'improportionnalité et d'injustice, celui qui taxe l'air et la lumière et prélève sur le travailleur presque le quart de son maigre budget ! Oui, c'est un admirable système d'impôts, celui qui fait payer les 3/4 des contributions par les impôts indirects, impôts prélevés sur les objets de première nécessité et si lourds aux épaules de ceux qui n'ont rien ! Oui, il est admirable ce système qui fait que la terre paysanne paie au fisc jusqu'à 40 0/0 de son revenu, tandis que le millionnaire ne paie que 10 0/0 pour son énorme fortune mobilière ! Admirable enfin, puisqu'il prélève 125 millions de francs sous forme de patentes sur le Commerce et l'Industrie, nouvel impôt qui surcharge encore le Travail et se répercute sur le consommateur, c'est-à-dire sur la masse populaire. Les impôts des patentes, les taxes sur les transports, qui ont plus particulièrement le caractère déplorable d'entraves au travail et à la richesse en voie de formation, c'est-à-dire à l'activité productrice, doivent faire place à d'autres plus justes.

Il faut, encore que ce soit l'art de plumer la poule sans la faire crier, que ce système d'iniquités fiscales cesse. Il faut répartir plus équitablement cette charge de près de 4 milliards, qui pèse sur les épaules des contribuables. Il faut que ce soit ceux qui retirent le plus de bénéfices des rouages de la vie sociale, créés par la civilisation, qui supportent aussi le plus les charges publiques. On ne nous fera pas croire qu'il y a, qu'il y aura jamais, égalité de sacrifice entre le pauvre diable qui, arrivant tout juste à joindre les deux bouts se voit enlever par le fisc le dixième de son maigre salaire, et le millionnaire qui, ne sachant que faire parfois de ses millions, a seulement, comme l'autre, à verser au trésor la dîme de son luxuriant budget.

Notre régime fiscal porte dans beaucoup d'autres parties la marque d'une société disparue et d'institutions condamnés. Nos frais judiciaires, par exemple, sont un scandale ; ils font de l'exercice d'un des droits les plus sacrés — celui de ne point se laisser dépouiller sans trouver un secours dans la justice nationale — un luxe au-dessus des ressources des pauvres. Les droits de timbres, d'enregistrement, les droits de mutation, les frais de procédure, dévorent les petits héritages et les petites ventes. Dans les faillites ils achèvent la ruine du négociant malheureux, tout en spoliant ses créanciers. Le privilège des Officiers ministériels, coûte au pays plus de 100 millions tous les ans.

Il y a assez longtemps que l'impôt est la rançon du travail. On a commencé à introduire la progression dans les impôts successoraux. Il faudra avancer d'un pas encore.

Il y a lieu de limiter l'héritage, car les successions ne sont pas le fruit d'un travail personnel et immédiat, la rémunération de l'activité et du talent direct de l'individu, qui reçoit, mais un bien comme on dit, qui arrive à l'héritier en dormant, et parce que une partie de l'héritage tout au moins, doit légitimement revenir à la Société elle-même, qui a permis aux ascendants d'acquérir la fortune et la garantie à l'héritier.

L'impôt sur les valeurs successorales, qui atteignent chaque année 5 milliards de francs, voilà le moyen d'établir le budget social de la République. Le jour où sera supprimé l'héritage en ligne collatérale, où sera rétabli le droit de tester avec prélèvement par l'Etat d'un impôt progressif sur les successions par testament et l'inaliénabilité des biens entrés dans le domaine social pour éviter la recontitution des grands domaines et des grandes fortunes, ce jour là la répartition des richesses sera tout autre et un pas considérable sera fait sans secousses, presque automatiquement, vers l'égalité sociale.

En effet, tant que notre impôt restera ce qu'il est, tant qu'il n'aura pas été radicalement transformé, tout véritable progrès restera impraticable. C'est ce qu'exprimait M. Léon Bourgeois au Congrès du Trocadéro, en Juin 1905 :

« Toutes les lois, tous les programmes de solidarité sociale, tous les efforts qu'il s'agit de faire pour réaliser enfin la justice entre les hommes, il n'y a qu'un moyen — heureusement ou malheureusement de les réaliser : c'est de faire la réforme profonde de l'impôt, sans laquelle l'ensemble des ressources nécessaires à toutes ces charges ne pourrait être obtenu ; non seulement parce que le chiffre total des ressources nécessaires pour parer à ces services de solidarité dépasserait les facultés actuelles de notre organisation financière, mais encore et surtout parce que si l'on demandait à notre organisation budgétaire actuelle les sommes complémentaires indispensables, on aboutirait à ce résultat lamentable de charger encore davantage ceux qui ne peuvent plus être chargés et de ne point frapper suffisamment ceux qui doivent au contraire, donner plus qu'ils ne donnent actuellement comme contribution à la dette sociale ».

Et il ajoutait :

« Je persiste à penser que si l'on n'a pas fait passer dans la loi l'ensemble des réformes, tout au moins une partie considérable des réformes politiques et sociales de l'idéal républicain, c'est parce que l'instrument de ces réformes manquait, parce que la réforme de l'impôt n'était pas faite et que chacun de nous reculait devant les conséquences de dépenses qui auraient encore pesé davantage sur les plus faibles et ls plus petits ».

Le problème est élucidé. S'il est parfaitement juste que l'activité personnelle du producteur puisse trouver sa récompense dans la fortune, il ne le serait pas moins, semble-t-il, que ces co-associés intervinssent pour le partage lors de la liquidation pour cause de mort. Il n'est pas sérieusement contestable que les grosses fortunes de ces temps ne se sont faites que par suite de conditions sociales favorables, dont la Société est en grande partie la fondatrice et toujours la gardienne. Rien n'est donc plus illégitime que le régime actuel qui lui ravit sa part pour grossir celle d'héritiers qui n'ont en rien contribué à la production des richesses partageables.

La Patrie qui est à tous ne doit pas être possédée par quelques privilégiés. L'impôt sur la fortune soulagera les humbles, il sera le grand dégrèvement des campagnes. On l'ajourne devant une minorité de gros intérêts censitaires. C'en est assez ; on ne peut plus reculer.

La féodalité de l'argent
Privilèges et Monopoles

Dans une société démocratique, l'origine et le but de tout, c'est le Travail. Lui seul est créateur de richesses. Il est donc nécessaire que le parasitisme cesse et que le privilège de naissance comme le privilège économique disparaissent définitivement. Il faut empêcher la reconstitution de la grande propriété par le fait de l'héritage et pourchasser la nouvelle féodalité, celle de l'argent, qui, dans son égoïsme humain accaparerait le soleil, la lumière et l'air si la prévoyante Nature n'avait mis ces bienfaits à l'abri de son insatiable convoitise.

La lutte entre les hommes a créé le droit. Pour installer la justice dans le droit, il faut poursuivre l'abolition de tous les privilèges et des grands monopoles privés. Le Socialisme, tel que nous l'entendons, n'est pas la révolte violente des salariés contre le Capital, c'est l'éternelle protestation des Opprimés, c'est tout le problème du progrès social par le développement de la raison libre et par l'effort incessant et inlassable de l'humanité exigeant plus de justice et plus de bonheur pour tous.

C'est la République, la vraie, celle qui n'existe encore qu'en façade, qui assurera à chacun la possibilité de développer librement et complètement les facultés physiques et morales que l'individu a reçues de la Nature. C'est la Démocratie, le Gouvernement du peuple par le peuple, qui détruira la pernicieuse influence de ceux qui veulent renfermer et resserrer les existences dans les liens que leur ont assignés le hasard ou les infamies de notre organisation sociale.

La République et l'organisation du suffrage universel, sont des moyens. Le But c'est la répartition équitable des charges et des bénéfices de la Société, c'est l'établissement du régime de l'égalité et de la Justice sociale. Sans cette organisation radicale, toutes les modifications apportées au Gouvernement ne seraient qu'un mensonge et une comédie.

La première République nous a donné la liberté civile et le droit à la propriété des fruits de notre travail, sans laquelle il n'y a ni liberté ni véritable indépendance.

La deuxième République nous a apporté la liberté politique, le bulletin de vote, la souveraineté nationale.

La troisième République nous a donné l'École gratuite,

la liberté de la presse, de réunion, d'association, la liberté syndicale, la protection de l'enfance malheureuse et abandonnée, celle du travail des femmes et des enfants dans les usines et les manufactures, la loi sur les accidents professionnels (1898), la réduction légale de la journée de travail dans l'industrie (1900), la loi sur la santé publique (1902), l'assistance obligatoire aux infirmes et aux vieillards indigents (1904).

Elle vient de nous donner la Séparation des Eglises et de l'Etat et la suppression du budget des cultes, c'est-à-dire la pleine liberté de conscience assurée à tous. Demain elle nous donnera la séparation définitive de l'Ecole et de l'Eglise, c'est-à-dire l'Ecole rationnelle et laïque, la liberté intégrale de la pensée et la protection de la conscience sans défense des enfants. Il lui appartient de nous donner enfin la liberté économique, c'est-à-dire l'émancipation du Travail.

Elle y parviendra, non pas par la division et la lutte de classe — on ne fonde rien de durable ni d'harmonieux sur la haine — mais par la fusion et la disparition effective des classes, c'est-à-dire par les réformes et la mise en pratique de la doctrine de fraternité sociale. Elle y atteindra par l'organisation nouvelle du Travail, en armant, au début de la vie, l'ouvrier par l'instruction générale et professionnelle, en le protégeant adulte par le Travail associé et l'extension de la capacité syndicale, par la lutte contre la Spéculation et l'Accaparement contre cette nouvelle servitude qu'on appelle le Trust, qui menace d'éteindre la liberté des rives du Nouveau-Monde aux rivages de la Vieille-Europe. Elle y arrivera en détruisant tous les privilèges, tous les monopoles privés, toutes les castes, et en socialisant tous les grands services publics, tous les monopoles déjà mûrs pour l'appropriation sociale. Elle y atteindra enfin, par l'organisation de la solidarité humaine, le budget social de la République, la création des caisses d'assurances contre la maladie, l'invalidité, le chômage et la mort. Favoriser l'éclosion des « Coopératives » et le

« Crédit » aux « Associations ouvrières », c'est hâter l'heure où chacun pourra jouir du produit intégral de son travail, après le prélèvement des impôts nécessaires à l'exercice des services publics.

Le programme de la Démocratie sociale, le programme du Parti Radical-socialiste, n'exige de personne aucun sacrifice de liberté individuelle. Que reconnaît-il comme légitime ? La seule propriété fondée sur le Travail. Celle qui est fondée sur la fraude, la spéculation, l'accaparement, ou fondé sur l'exploitation du travail d'autrui est par lui condamné.

La propriété, selon la tradition révolutionnaire, est la condition nécessaire de la liberté humaine. Donc l'homme privé de propriété, est prolétaire, n'est pas libre. Il est incapable de se défendre contre l'oppression de l'exploitation capitaliste ; c'est un mineur qui a besoin de la protection de la loi. C'est pourquoi à la base de nos revendications nous plaçons le droit du travailleur à la propriété, et aussi le droit pour la société de favoriser par des lois fiscales l'égalité économique des citoyens.

Mais à l'encontre des « collectivistes », qui pensent que le seul moyen de fonder la justice entre les hommes est de substituer à la propriété capitaliste la propriété collective, nous estimons que le *Salariat* n'est pas condamnable en soi, qu'il n'est pas nécessairement lié à l'état de prolétaire, et qu'avec des garanties suffisantes, il peut donner à l'homme à la fois le bien-être et l'indépendance. Légalement le salarié peut être mis à l'abri de la longue journée, du salaire insuffisant, de l'incertitude du lendemain et devenir, par là et en fait, aussi indépendant qu'un Ingénieur de l'Etat ou un Professeur de Faculté et même qu'un propriétaire, car la rente, le produit du Capital mort diminue sans cesse, tandis que le salaire, le produit du Travail augmente constamment.

L'Interventionnisme d'Etat, le Syndicalisme généralisé et étendu à la capacité commerciale, le Contrat collectif du travail substitué au contrat individuel entre patron et ouvrier, la Coopération, avec son complément, le *Crédit*, assuré aux Sociétés ouvrières, l'extension du domaine industriel des communes et de l'Etat, le homestead, une loi fiscale fondée sur les successions et destinée à faire rentrer rapidement dans le domaine social, désormais inaliénable, les grandes fortunes, seront des moyens, selon nous, plus efficaces que le régime collectiviste, d'assurer la liberté et le bonheur des citoyens, et ayant sur lui l'appréciable supériorité, d'être immédiatement applicables, et n'ayant besoin d'attendre pour l'an 3,000, ni la conquête des pouvoirs publics, ni la concentration à leur dernière puissance des moyens de production et d'échange.

Notre attachement à la propriété individuelle n'est pas de nature à nous empêcher de poursuivre les abus qui tendent à en détruire la légitimité. Nous repoussons, au contraire, tout ce qui pourrait la dénaturer et l'asservir, en faisant de certaines grosses concentrations de capitaux un instrument de terreur et de domination. Abandonner à des société privées les services qui constituent de véritables fonctions nationales, et réglant les conditions décisives de l'existence commune de tout un peuple, c'est restaurer un véritable pouvoir féodal et démembrer à son profit, ce domaine public que nos lois font imprescriptible et inviolable. Chemins de fer, Mines, Banques, Assurances, etc., sont de cet ordre. On conçoit pour eux le service public au même titre que pour les routes, les canaux, les postes et télégraphes. Abandonner également dans un très petit nombre de mains nombre d'industries qui deviennent, soit par l'abandon de l'Etat, soit par suite de l'évolution économique elle-même, de véritables monopoles privés, ce serait laisser, si l'on avisait, à leurs propriétaires le pouvoir de taxer, de rançonner à merci, le groupe restreint des travailleurs qu'ils emploient d'un côté, et de l'autre la masse immense des consommateurs. Il y a trop longtemps que le Paradis des Riches est fait de l'enfer des Pauvres.

« L'émancipation des travailleurs sera l'œuvre des travailleurs eux-mêmes ». Oui. Voilà pourquoi nous les appelons à l'École rationnelle et scientifique, à l'instruction générale et professionnelle, pour qu'ils soient à même de se faire une opinion eux-mêmes en secouant l'opinion toute faite qu'ils sont trop enclins d'accepter d'un pontife ou d'un concile. Voilà pourquoi nous les appelons tous au Syndicat, qui doit être, non pas une arme de guerre, mais une arme de défense et de paix.

L'Intervention de l'État doit s'étendre à l'*Arbitrage obligatoire*. Dans l'ordre des affaires, le patron se soumet à un tribunal civil, au Juge de Paix, à la justice prudhommale — qu'on doit étendre aux employés de commerce — pourquoi dans l'ordre économique se refuserait-il d'accepter la sentence d'un tribunal arbitral ?

La Société étant un organisme comparable à l'organisme d'un animal, implique la dépendance réciproque des parties. Pour constituer une association dans laquelle règnent l'équilibre et l'harmonie — conditions indispensables du succès dans la lutte pour la vie — la Société doit avoir à sa base la justice distributive. Pour réaliser cette idée de justice, il faut se servir des lois de la Solidarité.

L'organisation de la solidarité sociale

Nous sommes en partie responsables des actes les uns des autres dans la vie en société ; nous vivons sur un fonds que nous ont légué les générations antérieures ; nous naissons débiteurs de la Société ; nous ne pouvons être libres qu'après avoir payé notre dette. La Mutualité doit s'étendre à tous les avantages comme à tous les risques sociaux.

Il y a d'abord des obligations communes, telles les charges publiques, auxquelles tout le monde doit se soumettre, et des avantages communs auxquels tout le monde doit avoir accès, en raison même des aptitudes de chacun, comme l'instruction : d'où droit pour tous les citoyens aux moyens gratuits d'arriver à la connaissance de la vérité.

D'autre part, la Société doit garantir à chacun de ses membres un minimum d'existence : l'assistance de l'enfant abandonné, du vieillard, de l'infirme est un devoir Social ; c'est la société qui doit l'assurer. Le contrat social, enfin, pour être équitable doit n'admettre ni classes ni privilèges, exclure les monopoles privés, combattre les risques de la vie active tels que le chômage, la maladie et la mort, assurer l'ouvrier contre les accidents professionnels, et organiser le travail en détruisant tout parasitisme. Les forces de l'homme ont des limites ; la Société a donc le droit de limiter la durée du travail. La vie même a ses exigences imprescriptibles ; la Société doit donc à tout homme un minimum d'existence.

L'ACTION DANS LA PAIX

A la politique d'attente et de stérilité, il faut substituer la politique féconde des actes et des résultats.

Méfions-nous de ces conservateurs qui sont déguisés en républicains et marchent à reculons et qui se sont alliés aux cléricaux, ces fourbes du Ralliement, et aux nationalistes, ces tartufes de la réaction césarienne. Tous commencent par des protestations en faveur de la liberté et finissent par des cris de haine contre les juifs et les francs-maçons.

Pour eux, les caisses de la Congrégation se sont vidées pour acheter tout ce qui était à vendre. Pour eux la corruption par l'argent a doublé la dénonciation et l'intimidation. Des agences de basse police, mal déguisées en « Offices d'œuvres charitables et sociales » ont visité le logis du pauvre et suspendu sur sa tête, comme une menace pour l'avenir, la fiche politique qui lui fermera la porte de l'usine, de l'atelier ou de la ferme.

C'est contre toute cette organisation de mensonge et de terreur qu'il faut nous élever.

Prenons garde aussi à l'immobilité. Les Gouvernements qui ne font rien conduisent à la lassitude et au mécontentement, ils fraient la voie à quelque nouvelle aventure ou à quelque nouvelle réaction. Les promesses ne doivent pas demeurer vaines et comme destinées à faire patienter la démocratie dans l'immobilité des espoirs jamais assouvis.

Mais si le Parti républicain est soucieux d'assurer le progrès moral et social de la Nation, il lui faut assurer la *paix* internationale.

La *guerre* est impie, nous la voulons détruire et remplacer par la paix. Nous voulons réduire le service et les charges militaires qui pèsent si lourdement sur les Nations. L'armée permanente — mal nécessaire dans l'état actuel des Etats — ne saurait demeurer une Caste aujourd'hui et un danger intérieur pour la sécurité des institutions républicaines et du progrès social. Si la République française est une Démocratie, il faut que le corps des officiers devienne républicain. L'armée prétorienne a fait son temps. Elle est morte avec les Césars. Et, sans cesser d'être patriote on peut légitimement espérer que les armées de nos jours feront place plus tard à une simple police nationale et internationale. Le Militarisme, comme le Cléricalisme et le Capitalisme, sont des forces d'oppression que le progrès de l'esprit humain et de la conscience universelle relégueront défitivement un jour dans le fond de nos musées d'histoire archaïque. Les épouvantables horreurs de la guerre Russo-Japonaise précipiteront, je l'espère, le réveil d'une humanité faite pour aimer et produire et non pas faite pour tuer et détruire. L'arbitrage international provoquera le désarmement et éloignera de nous l'éventualité des conflits armés. Il faut cependant ne pas s'endormir dans un rêve pacifique. La concurrence commerciale entre les Nations, est une transformation de l'éternelle lutte pour l'existence, et quand je les vois rivaliser d'ardeur pour augmenter la puissance de leurs canons et de leurs cuirassés, je crains que l'ère de la paix n'ait point encore sonné au cadran de l'histoire. Un budget de guerre de plus d'un milliard par an pour notre seul pays, alors qu'on n'accorde que 600 millions aux œuvres de vie (Travaux publics, Agriculture et Commerce, Instruction publique), c'est effrayant. Prenons garde à ceux qui voudraient marcher dans la *fumée et la gloire !* Le despotisme militaire est au bout. Le peuple comprend mieux, hélas ! ce qui l'éblouit que ce qui le sert. Il confond volontiers les « patriotards de Café-Concert » avec les vrais patriotes. C'est une raison de plus pour que nous soyons du côté de la religion de la liberté contre le culte de la force.

LA CITÉ NOUVELLE

Nous ne voulons enlever les croyances de personne autrement que par la persuasion. La Croyance et la Foi ne sont ni la Raison ni la Science, c'en est même tout le contraire, mais nous respectons les âmes sincères et naïves qui sont restées sous le charme des vieilles illusions et des légendes du passé. Ce que nous voulons, c'est que « les Religions qui passent ne gouvernent pas l'humanité qui dure ». Ce que nous voulons, c'est qu'on ne s'en « rapporte pas dans une justice posthume du soin de rassasier ceux qui ont faim, de donner à boire à ceux qui ont soif et d'apaiser la douleur de ceux qui souffrent ». La route de l'humanité est parsemée de pas sanglants dont l'origine doit être cherchée dans l'ignorance et la misère. Il appartient à la Démocratie Sociale de briser ce double fléau et de construire sur ses ruines la Cité Nouvelle, faite de paix, de bonheur et de justice.

Voilà les aspirations et les espérances du Parti Radical-Socialiste. Elles sont assez belles pour grouper autour de ce Parti tous ceux qui veulent d'un pas assuré, mais incessant, réaliser l'idéal républicain de liberté et d'égalité sociale, dont les principes impérissables ont été tracés il y a plus d'un siècle en lettres flamboyantes par nos grands ancêtres de l'immortelle Révolution.

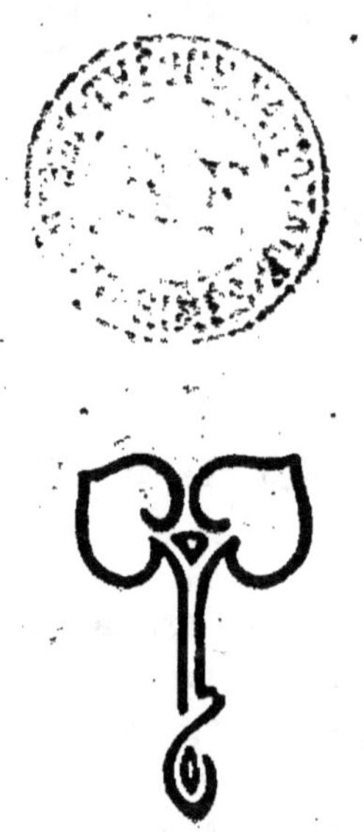

Imp. Albert MARECHAUX. Meulan-Hardricourt (S-et-O)

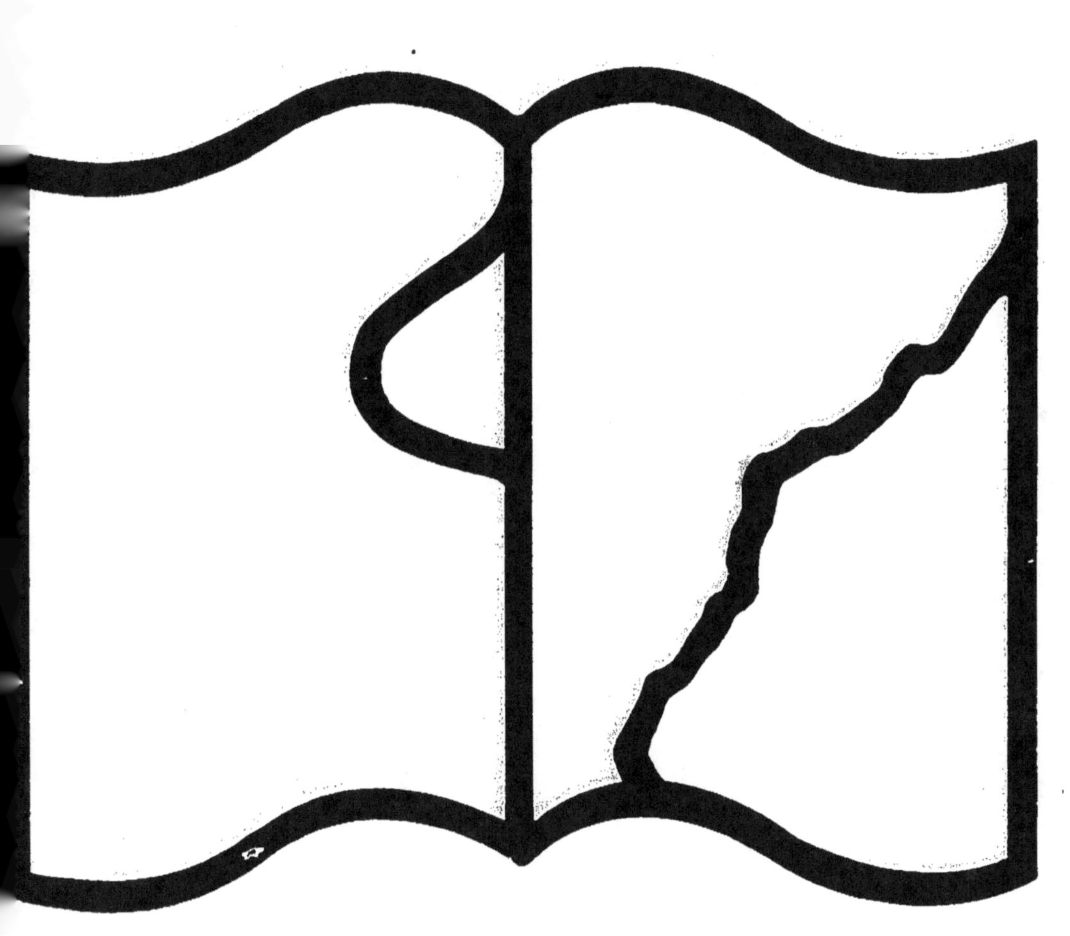

Texte détérioré — reliure défectueuse

NF Z 43-120-11